er

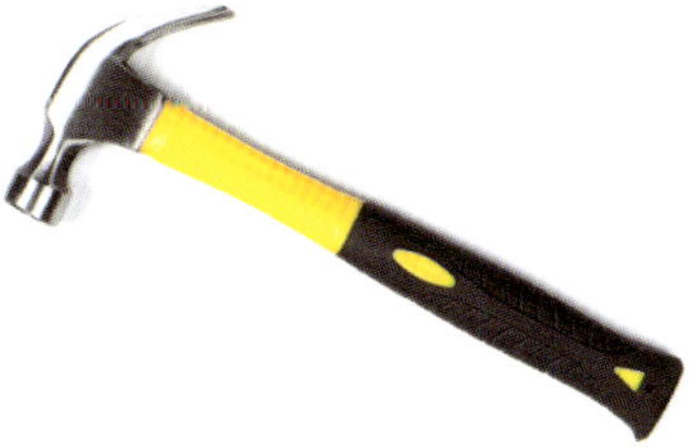

Ransom

AF010773

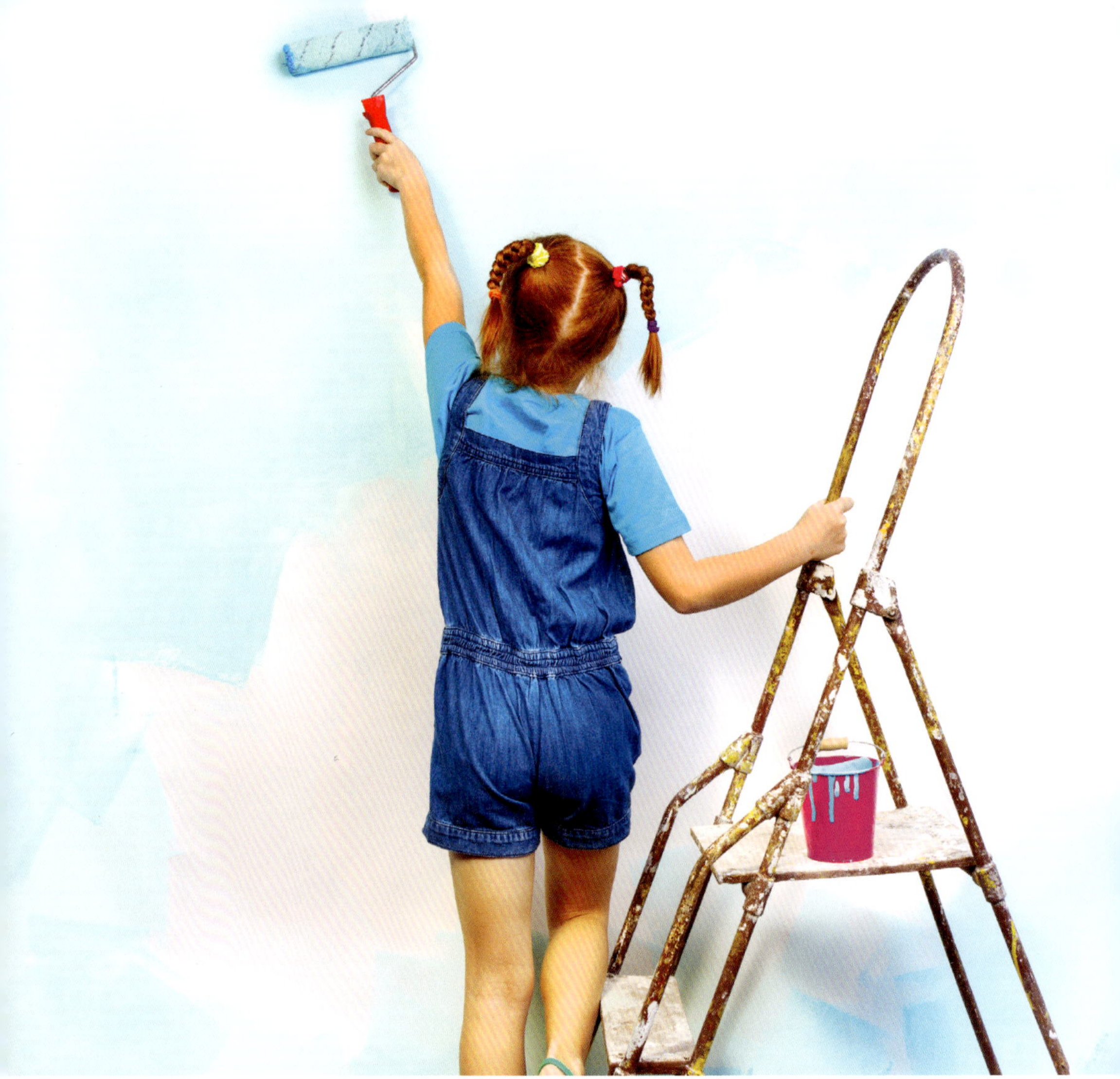

ladder

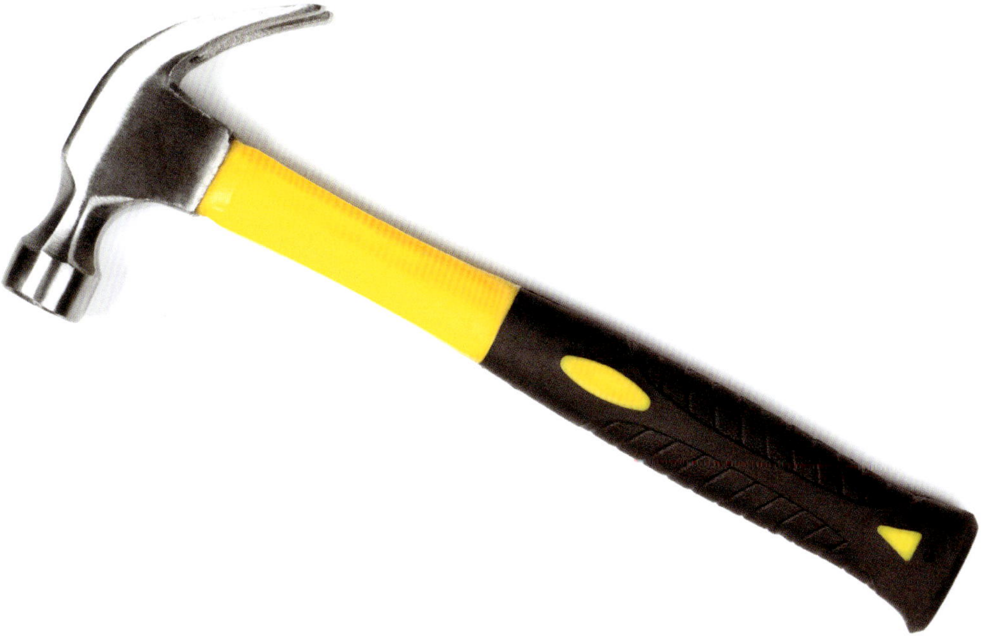

hammer

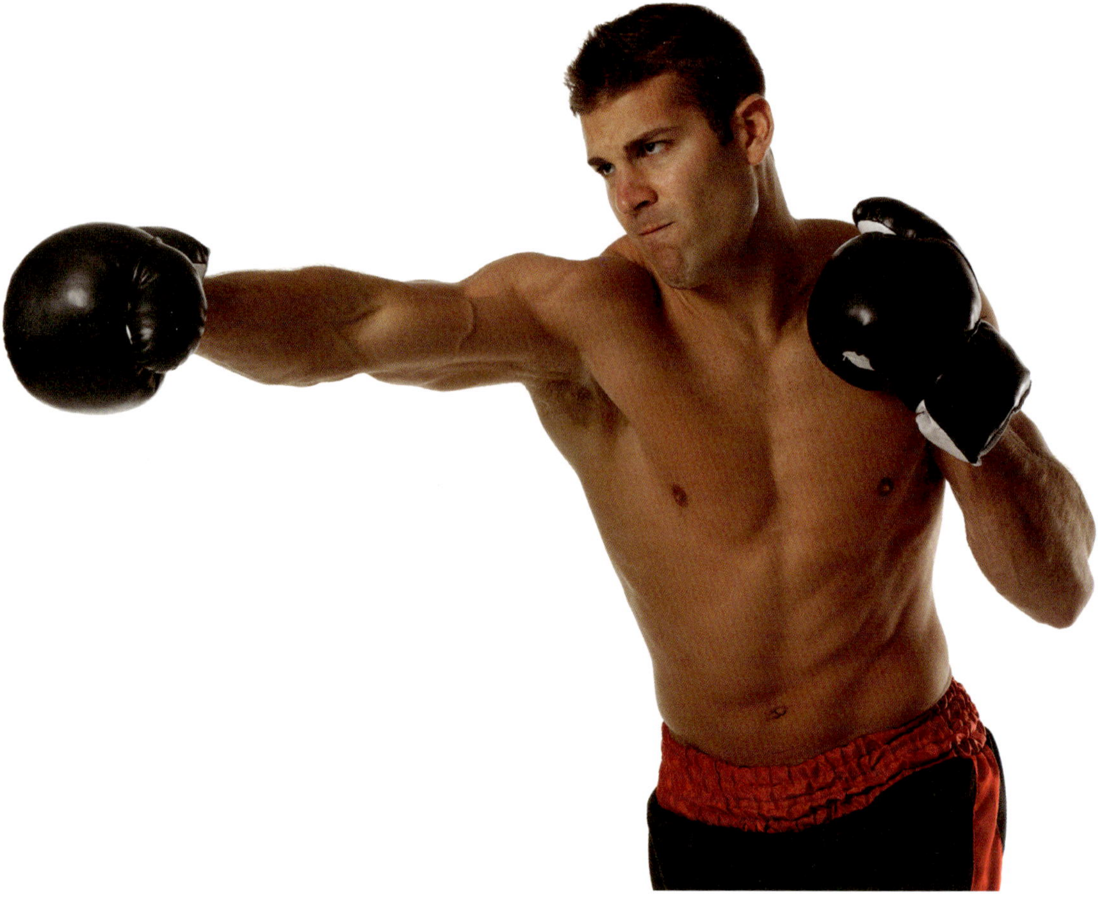

boxer

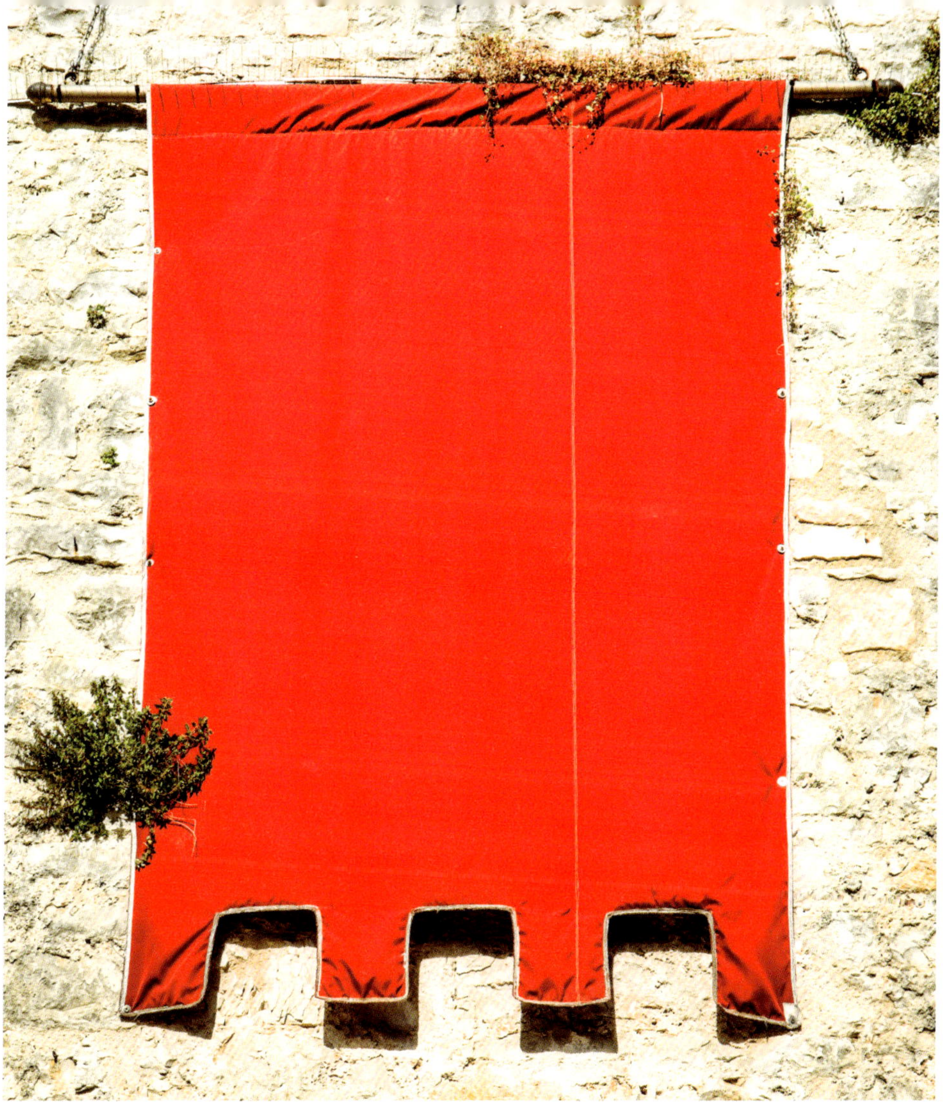

banner

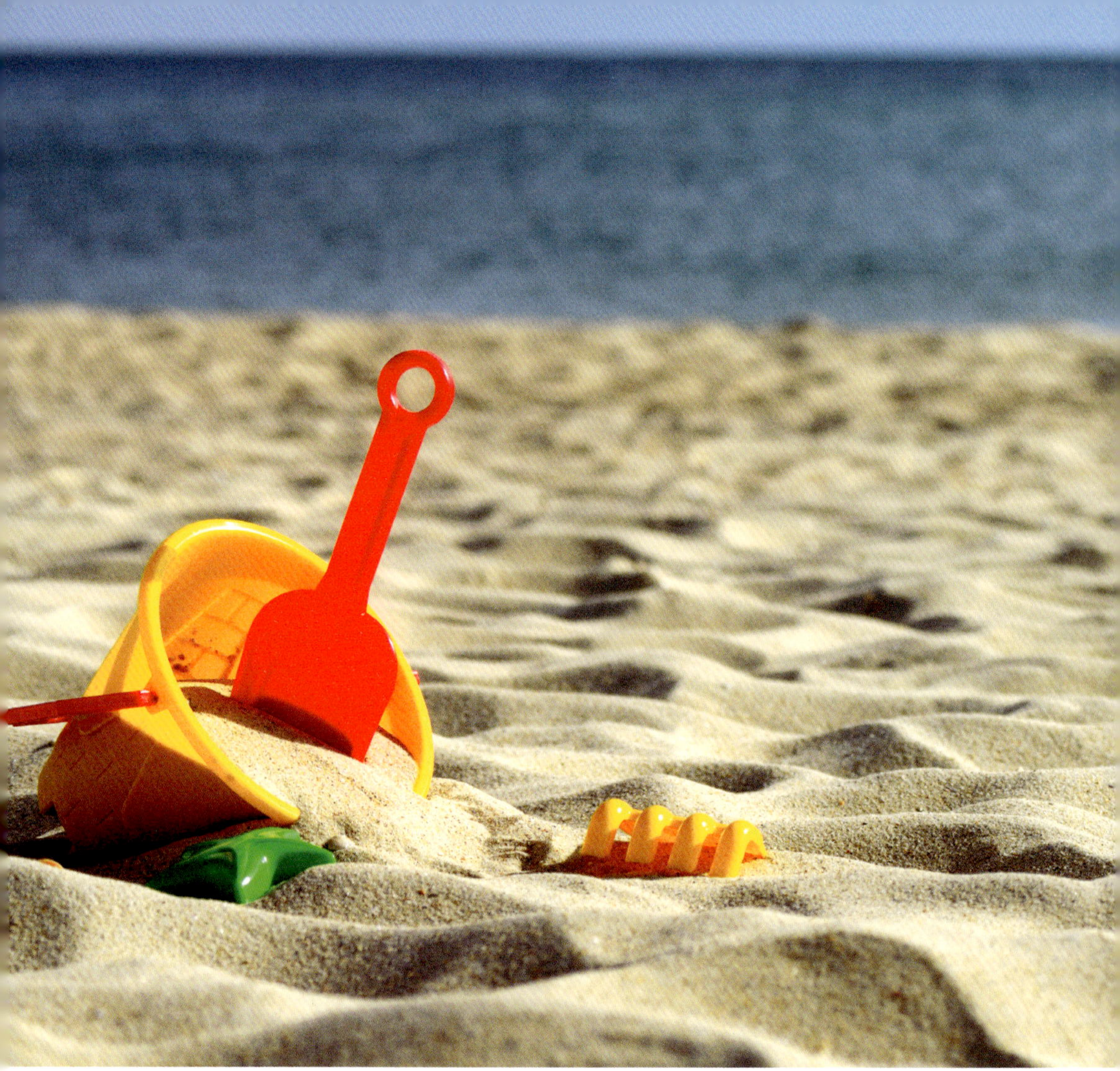

summer

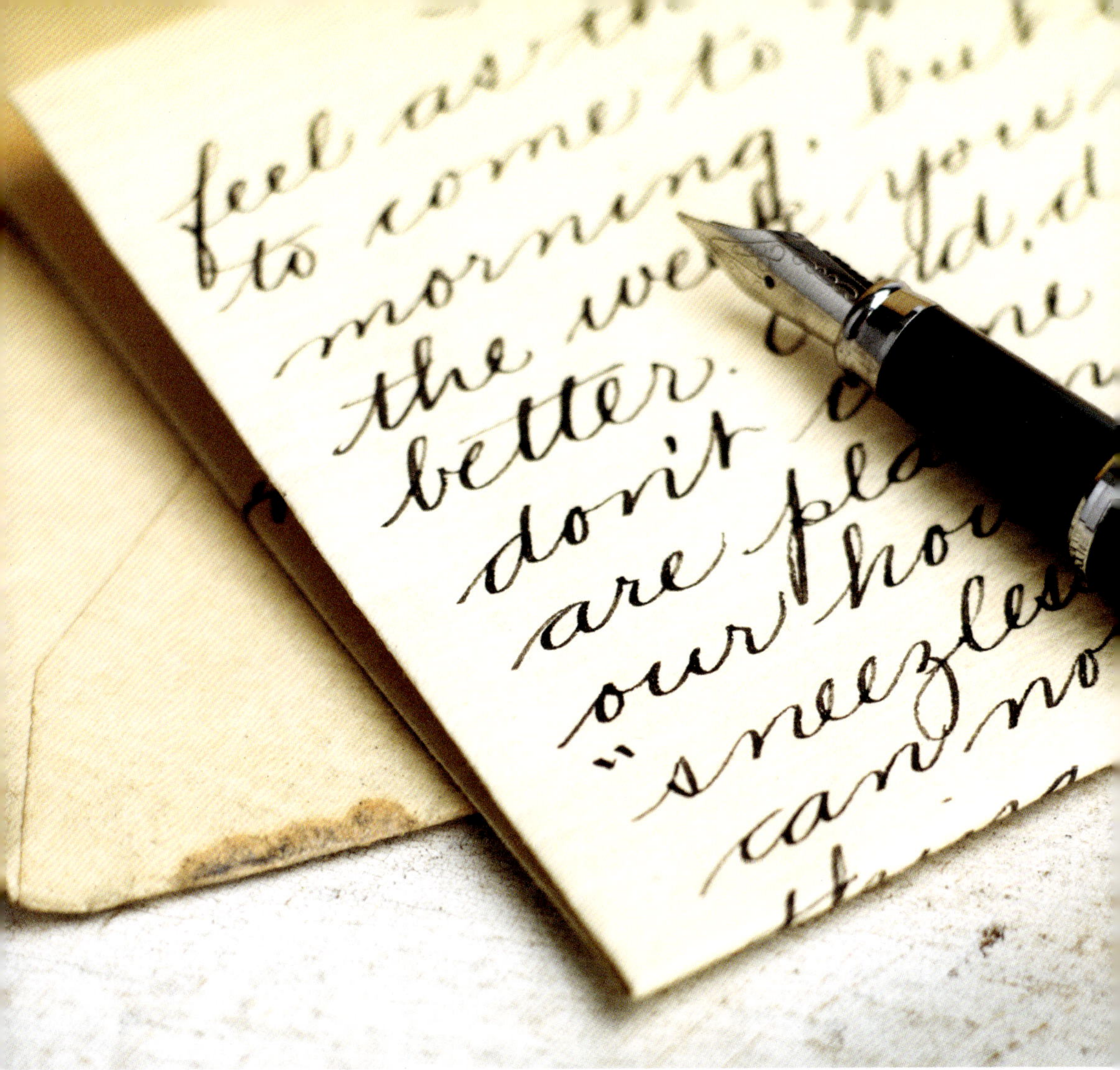

letter

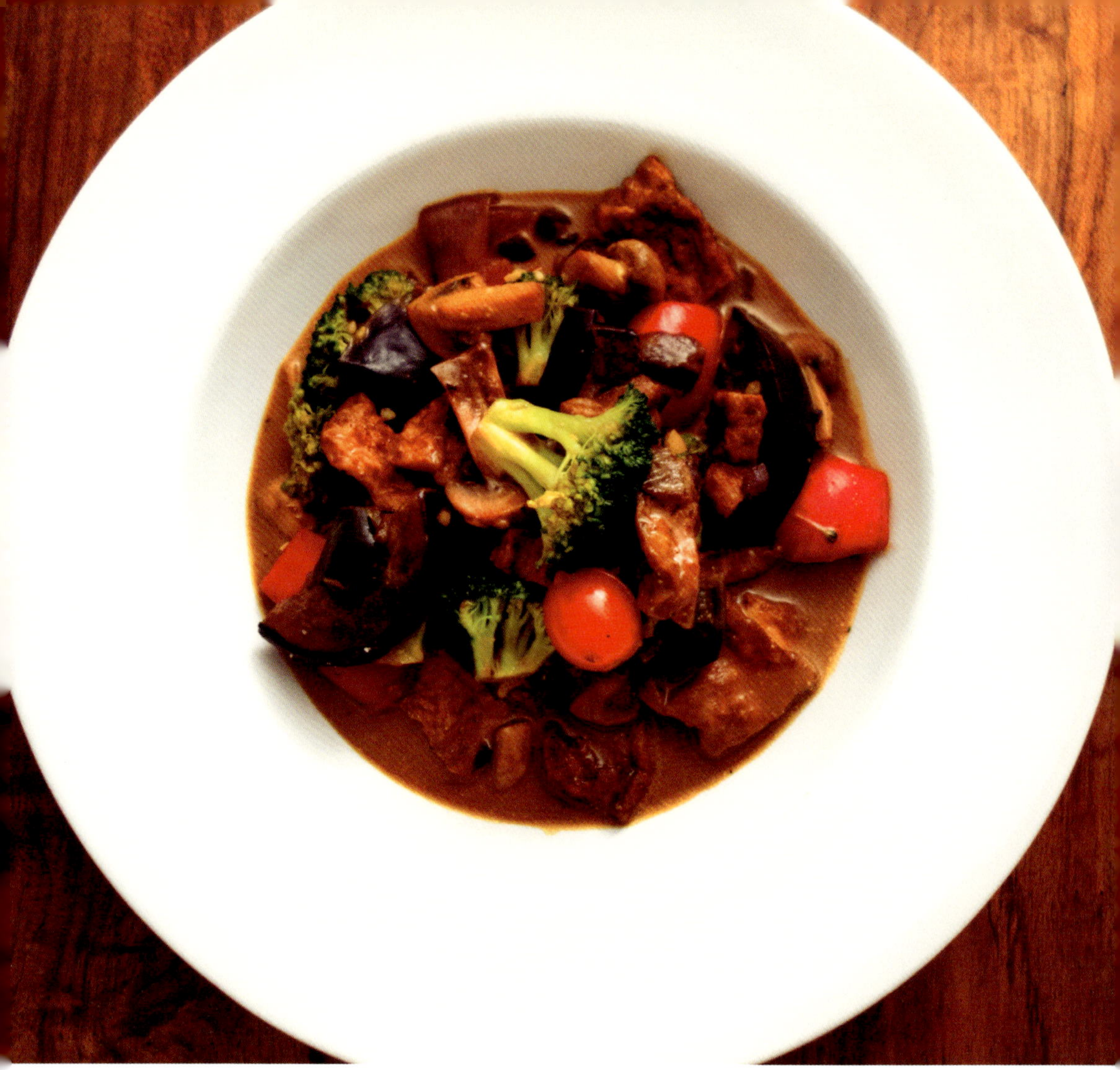

dinner

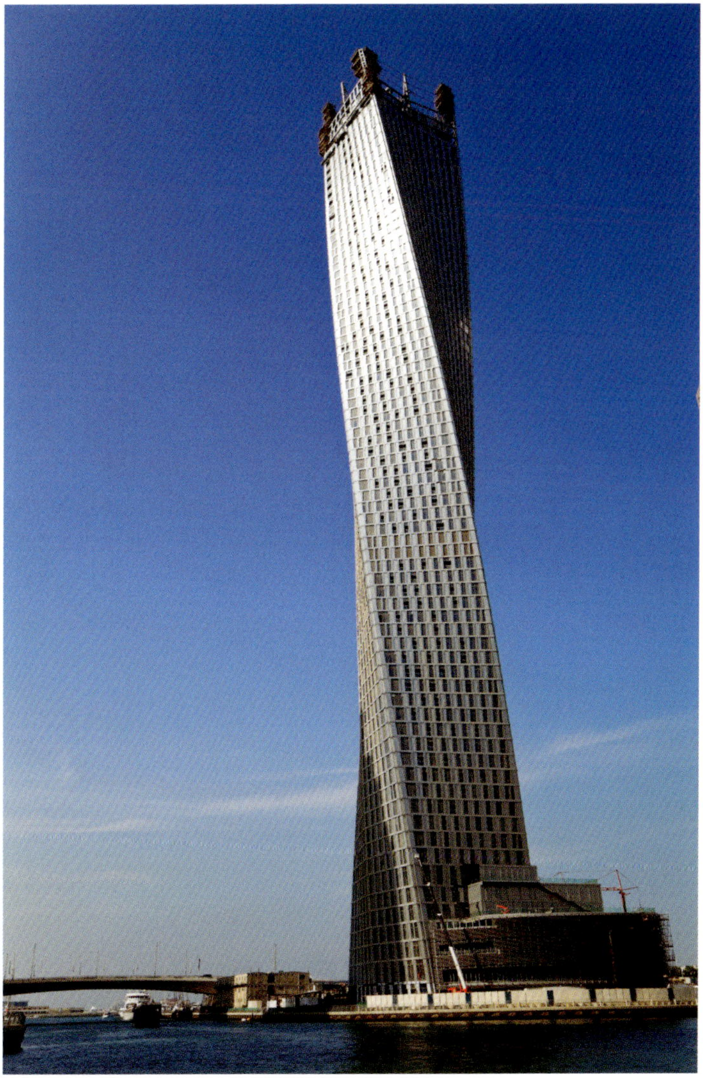

tower

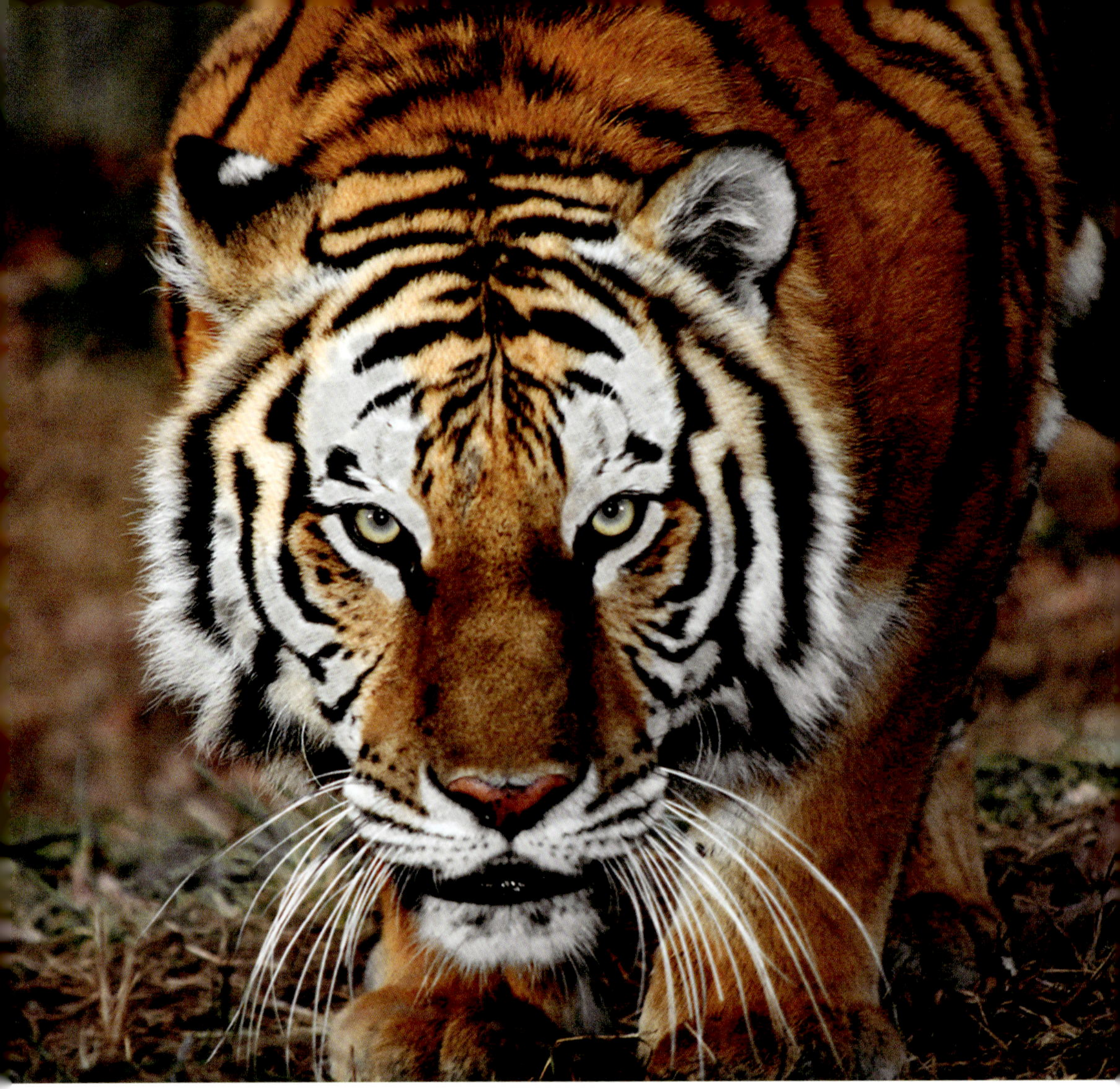

er er

er er

er

ladder

hammer

boxer

banner

summer

letter

dinner

tower